acrocanthosaurus

albertosaurus

allosaurus

ankylosaurus

archaeopteryx

argentinosaurus

barosaurus

barionyxosaurus

brachiosaurus

brachiosaurus

brontosaurus

carnotaurus

centrosaurus

ceratosaurus

compsognathus

diplodocus

dryosaurus

caraptor

edmontonia

elasmosaurus

galliminosaurus

herrerasaurus

iguanodon

kentrosaurus

koreaceratops

liopleurodon

mamenchisaurus

monolophosaurus

mosasaurus

muttaburrasaurus

ophthalmosaurus

oviraptor

panoplosaurus

parasaurolophus

parksosaurus

plateosaurus

pliosaurus

protarchaeopteryx

protoceratops

pteranodon

pteranodon

pterodactil

saltasaurus

shonisaurus

spinosaurus

stegoceras

stegosaurus

styracosaurus

torosaurus

talarurus

titanosaurus

triceratops

tropeognatus

tyrannosaurus

tyrannosaurus

tyrannosaurus

utahraptor

velociraptor

velociraptor

www.ingramcontent.com/pod-product-compliance
Lightning Source LLC
Chambersburg PA
CBHW081838250726
48659CB00008B/2498